Dalla rottura alla fioritura

Poesie per lenire e guarire l'anima

Translated to Italian from the English version of
From Breaking to Blooming

Ukiyoto Publishing

Tutti i diritti di pubblicazione globali sono detenuti da

Ukiyoto Publishing

Pubblicato nel 2025

Contenuto Copyright © Zia Marshall

ISBN 9789370095984

Tutti i diritti riservati.
Nessuna parte di questa pubblicazione può essere riprodotta, trasmessa o memorizzata in un sistema di recupero, in qualsiasi forma e con qualsiasi mezzo, elettronico, meccanico, di fotocopiatura, registrazione o altro, senza la previa autorizzazione dell'editore.

Sono stati rivendicati i diritti morali dell'autore.

Questa è un'opera di fantasia. Nomi, personaggi, aziende, luoghi, eventi, località e incidenti sono frutto dell'immaginazione dell'autore o utilizzati in modo fittizio. Qualsiasi somiglianza con persone reali, vive o morte, o con eventi reali è puramente casuale.

Questo libro viene venduto a condizione che non venga prestato, rivenduto, noleggiato o diffuso in altro modo, senza il previo consenso dell'editore, in una forma di rilegatura o copertina diversa da quella in cui è stato pubblicato.

www.ukiyoto.com

DEDICA

Dedico questo libro a tutti coloro che hanno subito un trauma, affinché possa offrire una comprensione della natura della sofferenza e delle molte e complicate sfumature del lutto e della guarigione dalla perdita.

"Una poesia... inizia come un groppo in gola, un senso di sbagliato, una nostalgia.... È un protendersi verso l'espressione, uno sforzo per trovare l'appagamento. Una poesia completa è quella in cui un'emozione trova il pensiero e il pensiero trova le parole."

Robert Frost

Nota dell'autore

Questo libro è per coloro che hanno attraversato il mare solitario del trauma. Le poesie di questa raccolta vi aiuteranno a risalire dal caos per trovare la forza di navigare in acque agitate e raggiungere infine le rive della guarigione. Se il vostro trauma vi ha fatto sentire come una nave alla deriva in una violenta tempesta, le poesie di questa raccolta vi offriranno il riparo di un porto sicuro. Questo libro vi aiuterà a passare dai pezzi a un'eventuale pace, allontanandovi dall'oscurità dell'essere a pezzi e andando verso la luce della gratitudine e della gioia.

In breve, questo libro offre uno spazio sicuro per soffermarsi sul proprio trauma, quando nessun altro luogo è adatto. Qui potete elaborare il lutto, amico mio, e trovare il conforto e la forza per guarire.

Contenuti

La frantumazione — 1

Bambino di fuoco — 2
Tradimento — 3
Lasciarsi andare — 5
Incredibilmente rotto, incredibilmente bello — 6
La vostra anima gemella — 7
Chi mi ama abbastanza? — 8
Duello con i danni — 11
Trauma — 13
I colori del trauma — 14
Cadere a pezzi — 16
Fare del trauma una casa — 17
Cristallo con il trauma — 18
Sfumature di dolore — 20
La disfatta — 22
Combattere il dolore — 24

L'ascesa — 26

La Fenice — 27
La mia piccola candela blu — 30
L'oppresso — 31
Come gestire la rabbia — 32
Vincere le emozioni — 34
Dalle fiamme alle braci — 36

Il rafforzamento — 38

Il coraggio — 39
Montagne di oggi, storie di domani — 40
Fare il tifo per lei — 41
Morbido e resistente — 42
La forza — 43

10   Dalla rottura alla fioritura

Forza nascosta   44
Storia di una rosa   45
Fiori selvatici ed erbacce   47
La storia di un albero   49
Tu sei abbastanza!   51
Il potere del silenzio   54
Autostima   55

La guarigione   57

Dopo la tempesta   58
Dualità   59
Cieli sereni, notti stellate, nessuna speranza in vista   60
Dopo la tempesta   61
Le cicatrici che sussurrano   62
Tre parole magiche   63
Uscire dall'ombra   64
Unboxing dell'oscurità   65
Funerale dei dolori   66
Amare il mondo   67
Guarigione   69
Il recupero   71
Sollevare il velo della depressione   73
Abbigliamento senza prezzo   75
Impossibilmente imperfetto   77
L'arte di guarire   78
Guarire con amore   79
Il cerchio della guarigione   80
Il conforto delle piccole cose   81
La guarigione nelle vostre mani   83
Il vostro viaggio di guarigione   84
Un oceano di guarigione   85
Trasformazione   86

Il ruminare   87

Riflessioni   88
Cose preziose   89

Niente dura	91
Le sfumature della vita	92
Panorama crepuscolare	93
La bellezza nelle piccole cose	94
Introspezione	95
Creare persone gentili	96
Destino e libero arbitrio	97
Felicità in tempi difficili	98
L'arte di donare	99
L'amore più dolce	100
Rivelazione	101
Esuberante	102
Nutrire l'anima	103
La terra come poesia	104
Persone speciali	105
I tre errori della vita	106
L'amore è una cosa curiosa!	107
Conversazioni con l'anima	109
La vasta natura dell'amore	111
Un amore duraturo	112
Amare se stessi	113
Il cuore dell'amore per se stessi	114
Da impeccabile a bello	116
Il canto dell'anima dell'amore per se stessi	118
La speranza è la canzone che canto	119
L'alba della speranza in rosa	121
Fiori gialli di gioia	123

La crescita   124

I fiori del perdono	125
Non è mai una questione personale	126
Immergersi nello scopo della propria vita	128
Non mollare	129
Essere presenti	130
Vivere il momento	131
Vivere come una farfalla	132
Perire o prosperare	134
Momenti Fika	135

Siate come l'albero 137

L'esultanza 138

Una canzone di gratitudine 139
Morbidezza 141
Una tasca piena di emozioni 142
La gioia nelle cose di tutti i giorni 144
Gioia a settembre 145
Mescolare i colori della vita 147

La fioritura 148

La fioritura 149
Anche una preghiera 150
Esiste! 151
Prendendola con filosofia 152
L'anima di uno zingaro 153
Sulla comprensione 154
Una performance pacifica 155
Desideri 156
Pace interiore 157
Raggiungere l'irraggiungibile 159
Riflessioni mattutine 160
La beatitudine del divino 161
Dio - il tessitore 162
Trovare Dio 163
E allora? 164
Il mondo al suo meglio 166
Raggiungere il cielo 167

La frantumazione

Bambino di fuoco

Dolce! Oggi si sente
malconcio e ammaccato.
Forse anche un po' rotto,
un po' usurato ai bordi.

Ma lo prometto, un giorno,
guarderete indietro a questo momento
e vederlo per quello che era realmente.
Ed è allora che ci si accorge di voi!

C'è molto da imparare da
tutti i dolori e le rotture
e la caduta e la frantumazione.
E quando si tocca il fondo,

vi renderete conto che non è stata la vostra rovina.
È stata la creazione di te
in quello che siete oggi.
Un bambino di fuoco!

Perché non stai volando ora, dolcezza?

Tradimento

Camminare lungo il sentiero della vita,

ha navigato sulla china scivolosa dello stress e dei problemi.

Faceva tutto parte di quel patto che lei chiamava vita.

Ha imparato a prenderla con filosofia.

Fino a un freddo lunedì di febbraio,

quando l'ultimo brivido dell'inverno rimaneva nell'aria.

Ha assaggiato l'amara bevanda chiamata tradimento.

Il suo cuore pendeva pesante, il suo dolore era una cosa tangibile nell'aria.

Cercò di ignorare l'amara verità del tradimento.

Le spire di amicizia si sono trasformate in serpenti velenosi.

Le bugie contorte, gli inganni, il dolore continuo,

e in tutto questo ha perdonato e perdona per amore.

Si è rifiutata di reagire, di lottare.

L'occhio per occhio non ha reso il mondo cieco?

Ma quando l'amicizia si è spogliata della sua maschera ha rivelato la sua dura luce.

Il vuoto è tutto ciò che si trova, tutto ciò che si trova.

In un mondo fatto di acciaio, fatto di pietra,

pianse lacrime amare; le asciugò.

Stringendo le spalle, imparò a camminare da sola

in un luogo silenzioso di pace e solitudine.

Lasciarsi andare

Ha chiesto gentilezza e compassione.
Non ne ha trovato in abbondanza.
Ha chiesto risate e semplicità.
Ha ricevuto falsità e inautenticità.
Dopo una raffica di insinuazioni amare,
non poteva più lottare.
Così, ha lasciato perdere... ha lasciato perdere.

E se l'ha fatta piangere
per salutarci,
avrebbe fatto capire alla sua anima stanca.
Per la prima regola di ogni relazione
che si tratti di parentela o di amicizia
è essere chiari, onesti e fermi... come un faro acceso,
un faro di forza per coloro che si avvicinano.

Incredibilmente rotto, incredibilmente bello

Nonostante tutti i modi in cui il mondo l'ha spezzata, ogni mattina nasconde il coraggio nella sua anima e la speranza nel suo cuore e si presenta in un milione di modi. E credo che questo sia incredibilmente bello.

La vostra anima gemella

La vita è andata in frantumi per voi ancora e ancora. Più volte di quante se ne possano contare. E ogni volta si perde il contatto con lei. Il vostro sacro io interiore. La vostra anima sorella che abita dentro di voi. L'io pieno di significato e pieno di vita. L'io che non ha paura di essere se stessa in modo inappellabile. La ragazza con i girasoli negli occhi e il fuoco nel cuore. La ragazza che salta la vita. Quindi, Dolcezza, è ora di smettere di strisciare nell'ombra e di prendere il tuo posto al sole. Il tuo posto è qui.

Chi mi ama abbastanza?

che mi ama abbastanza da vedere attraverso i miei sorrisi

al dolore nascosto in questi occhi infranti?

Che mi ama abbastanza da permettermi di togliere il sorriso;

mostrare la silenziosa disperazione nascosta nel profondo?

La mia rottura, il mio dolore mi ha insegnato la morbidezza,

gentilezza di fronte alla spietata bruttezza.

Perché chi ha sopportato il dolore non può mai infliggerlo a un altro.

Porta l'amore nel suo cuore per curare e nutrire.

Ma chi mi ama abbastanza da prendersi cura di me quando sono logoro?

Abbastanza da dire "appoggiati a me, ti sosterrò nella tempesta".

Così, invece di spingere e sforzare i miei muscoli e i miei tendini,

Potrei lasciare che la tensione si affievolisca, ringiovanire.

Chi mi ama abbastanza da ascoltare il mio brutto?
La disperazione, il dolore, la tristezza, la barbarie!
Che mi ama abbastanza da non farsi spaventare,
da un'incertezza che canta notte e giorno, notte e giorno?

Che mi ama abbastanza, così non ho bisogno di essere forte,
quando sono disordinato, frammentato, debole, tutto sbagliato?
Chi mi ama abbastanza attraverso la mia dualità felice-triste?
Il sole e le ombre che danzano nella mia disparità.

Chi mi ama abbastanza da non disprezzarmi nei giorni difficili?
I giorni in cui le mie cicatrici affiorano e rimangono.
E chi mi ama abbastanza quando trionfo in tutto questo?
Quando inciampo, cado. Sopportare tutto, stare in piedi!

Chi mi ama per il me interiore?

Non tutti i ruoli che interpreto, ora un Leone, ora una Pecora!

Chi mi ama abbastanza da lenire la mia fronte stanca quando dormo?

Lasciate che le mie lacrime scorrano, lasciatemi piangere.

E chi mi ama abbastanza da combattere il mondo per me?

Parlare della mia forza, della mia luce interiore, quando la gente si scaglia contro di me.

E che mi ama abbastanza da respingere i colpi,

in modo da poter riposare la testa sul mio morbido cuscino.

Duello con i danni

All'inizio vi spezzerà,
non in piccoli pezzi ordinati,
che possono essere facilmente ricomposti.
La rottura è
disordinato e brutto.

Andrete in frantumi
in un milione di pezzi
e per tutto il mondo
vi sentirete come se non foste mai più completi.
Fa un male cane. Ma questo è

non la parte difficile.
La parte difficile
è la guarigione
quando si lotta per emergere
dai frammenti del vostro danno.

Lentamente si impara ad abbracciare
le cicatrici e gli inestetismi.

E si impara quanto sia facile
perdere la gentilezza e la compassione
che si trovano al centro del vostro essere.

E si lotta molto, molto duramente
di aggrapparsi alla vostra gentilezza.

Trauma

Non ingoiare il trauma.
Dare voce ad esso.
Parlatene ad alta voce perché tutti lo sentano.

E se la gente muove i piedi per il disagio,
ancora inequivocabilmente il suo trauma.

Possedere il proprio trauma,
ma non ne possiedono la vergogna.

Il trauma, il dolore e la guarigione appartengono a voi.
Possedeteli, ma non chinate mai la testa a causa di essi.

I colori del trauma

Il primo colore di Trauma è il rosso.

Il rosso della rabbia che attraversa il mondo su ali di fuoco,

distruggendo tutto ciò che si trova sulla sua scia.

Il secondo colore di Trauma è il grigio.

Il grigiore del dolore che aleggia nell'aria come una nebbia pesante

e avvolge il cuore, la mente e l'anima.

Il terzo colore di Trauma è l'oro.

L'oro della guarigione.

E tutte le crepe nelle anime spezzate

sono pieni del liquido scintillio dell'oro

in modo da renderli nuovamente integri.

Oro che agisce come balsamo lenitivo per gli spiriti infranti

e li rende nuovamente degni e forti.

L'ultimo colore del trauma è l'arcobaleno.

Tutti i colori si fondono e si confondono

in un arcobaleno di emozioni forti.
Non dimenticherete mai quello che avete passato,
ma si utilizzerà l'arcobaleno
per ricordarvi tutte le sfumature della vita
che ha portato alla creazione di voi.

Cadere a pezzi

Alcune persone si separano e diventano silenziose.

Alcune persone si separano e ne parlano.

Alcune persone si separano e creano qualcosa di bello dal loro dolore.

Ognuno ha il proprio modo di sopravvivere al trauma.

E non c'è nemmeno un modo giusto o sbagliato.

Fare del trauma una casa

Il fatto è che anche il trauma inizia a
a volte si sente come a casa.
E se glielo permettete, si stabilizzerà in
il midollo delle vostre ossa.

Una rottura amara e corrosiva
può insinuarsi su di te come l'edera
e rimanere lì con un bell'aspetto.

Quindi dovete strappare le erbacce
con le proprie mani
anche se sanguinano.
E poi sputateli fuori dai vostri cuori di giardino.

Cristallo con il trauma

Quando lo tsunami del trauma entra nella vostra vita,
ti inghiotte completamente.
E il vostro dolore diventa una fortezza.
Il tuo essere in frantumi la tua gabbia
in cui ci si chiude al mondo.

E l'unico modo per uscire dalla gabbia è entrare.
Il viaggio interiore che dovete fare
per allontanarsi dall'ombra
e trovare il proprio posto al sole.
E quando brevi momenti di gioia

lampeggiano nella vostra anima,
imparate ad aprire ancora una volta
le porte del tuo cuore
e lasciarsi andare a una risata
e sole e allegria.

E lentamente si impara a respirare!

Non respirare l'aria
come una persona affamata di ossigeno,
ma respira dolcemente mentre rilasci il dolore.
E anche se non sarete mai in grado di

per controllare le tempeste nei cieli
che oscurano il vostro viaggio nella vita,
potete stare tranquilli sapendo che
imparerete a scivolare nella vita
tagliando un'ampia fascia di acque traumatiche.

Nessuno affronta un trauma e ne esce indenne.

Ma tutti noi scegliamo percorsi diversi per la guarigione.

e tutti noi emergiamo come individui diversi.

Non ho ancora incontrato una persona che non abbia subito danni.

Sfumature di dolore

Quando sono preso da una grande tempesta di dolore
e non riesco più a capire come le cose siano andate così male.

Quando il mio dolore è uno tsunami
e le lacrime non offrono alcuna liberazione.

Quando la sopravvivenza diventa uno stile di vita.
Una vita segnata da stress e conflitti continui.

Allora ho due possibilità.
O meglio, posso portare il mio dolore a due voci.

La voce del silenzio come un lago immobile
o la voce della furia come quella di un vulcano in piena espansione.

Non importa quale scelta io faccia.

Perché non tutte le risposte sono sbagliate o giuste.

Non tutti i dolori sono bianchi o neri.

Le sfumature di grigio esistono.

Non è possibile inserire il dolore in un array ordinato.

La disfatta

Se il dolore fosse una cosa tangibile,
lo indosserebbe, un mantello grigio?
E entrare nelle ali senza volto
tra la gente colpita dalla pandemia.

Troverebbe il suo sorriso nascosto
sotto le torbide balze delle strade?

Troverebbe i suoi occhi scintillanti
dove si nascondono uccelli e bestie?

Vorrebbe reclamare la sua dolce canzone
da gusci rotti e mezzi formati?

Riuscirà a ritrovare la sua vecchia fiducia
nella brezza che la chiamava casa?

O sono stati persi per sempre
lasciando un essere vuoto, svuotato,
cercando vanamente ciò che è stato preso

La sua autostima, la sua identità.

Spogliata di lei,
si è staccata da lei,
strappato via da lei,
strato per strato doloroso
da una schiera di crudeli assassini
con le loro parole amare e crudeli.

Combattere il dolore

E quando il freddo si fa sentire
di solitudine vi perseguita,
uscire nella foresta
e respirare la bellezza del mondo.

La natura è ordinata
che si rivolge alla nostra anima.
E quando i momenti bui ti avvolgono,
ascoltate il dolce richiamo della myna
all'alba trillando tra gli alberi,
che riecheggia tra le foglie.

Guardate come il passero cerca riparo
sotto il cappuccio a coppa della gloria del mattino
durante una breve pioggia estiva.
E come il sole si presenti immancabilmente
quando le nuvole si asciugano di umidità.

E se il dolore vi avvolge ancora
rendetela la vostra compagna

e camminare con lei nei campi
e mostrarle la bellezza delle allamandas,
piccole tazze di sole sulla terra.
E le ortensie che esplodono di bellezza
come un milione di stelle nel terreno.

E se il dolore non cesserà di essere il vostro compagno,
Ricorda, dolcezza!
Anche se la vostra vita non è altro che
del chiodo che tiene insieme la recinzione,
siete ancora utili e una parte vitale dell'universo.

L'ascesa

La Fenice

Marciano nell'oscurità della notte.

Il vento selvaggio avverte la loro inesorabile potenza.

Tenendo le torce in alto per illuminare il loro cammino.

Su entrambi i lati della palude, usando dei bastoni per tagliare un'ampia fascia.

La folla dei moralisti, anime ostinate e radicate nella falsa autenticità.

Cercano di sfogare la loro frustrazione interiore sull'altare della doppiezza.

Il vento assale i loro volti, gonfiando la loro furia mal indirizzata.

Gli occhi lacrimano per la puntura; ascoltate il vento, siate prudenti.

La natura si difende da sola; una grande raffica spegne le torce come candele insignificanti.

Brancolando nell'oscurità, cercando la luce da cieli stellati.

Come bestie feroci, imperterrite, vanno alla ricerca della loro preda.

Convinti, lo troveranno rannicchiato in uno stato di degrado.

Non l'avevano già fatto a pezzi, con le loro penne spietate, in una corsa urlante?

Ora devono solo finire il lavoro: trovare la loro preda nella boscaglia.

L'adrenalina scorre a fiumi; sono loro contro il buio.

Un dolce canto li ferma: è uno storno o un'allodola?

Ridendo in modo sprezzante, vanno avanti; hanno trovato la loro preda con certezza.

Non avevano sentito la canzone? La voce era stata messa a tacere, ma a quanto pare cantava.

A testa bassa si spingono contro la massa solida dell'oscurità.

Fermandosi, si imbattono in un mucchio di cenere grigia.

Presi da una strana paura, indietreggiano; dalle ceneri si alzano tizzoni incandescenti.

Occhi come fiamme, grandi ali che alimentano il fuoco; la fenice si alza con un fragoroso schianto.

E il resto è storia....

La mia piccola candela blu

Ho acceso una candela blu in una stanza in ombra.

Tende tirate a lucido

contro l'intruso, alla luce del giorno.

Ho osservato la sua luce tremolante che scacciava l'oscurità.

La mia piccola candela blu brillava coraggiosamente,

lentamente si sciolgono in pozze di cera blu-argento.

Un semplice puntino in una grande stanza, la mia candela aveva ancora una sua azione.

Contro l'oscurità più ampia, si aggrappava al proprio luccichio.

Un piccolo stoppino corrisponde a un buio più grande?

Può una singola voce silenziosa annegare le voci che si levano in massa?

Scolpita con verità e coraggio, la mia candela ha classe.

E se credete nella magia, anche le candele sconfiggono il potente buio!

L'oppresso

Bambino selvaggio! Indossate la rabbia e l'ansia come un mantello,
anche se i tuoi occhi bruciano come braci ardenti.

Voglio ricordarvi che
siete validi
e anche la vostra rabbia.

Non hai mai chiesto di vivere in una casa di fiamme
mentre le persone che si dichiarano interessate
fingere che non ci sia il fuoco.

Il vostro disagio è una risposta valida all'oppressione che subite.

Come gestire la rabbia

La rabbia, se lasciata covare
può diventare un potente messaggero
dell'odio e di tutto ciò che è distruttivo.
Si può trasformare la rabbia in una forza costruttiva?

Rimanete con la vostra rabbia; riconoscetela.
Non strangolatelo, soffocatelo.
Affrontarlo con delicatezza, esprimerlo.
Permettetegli di scorrere attraverso di voi, respiratelo.

Quando la rabbia pesa,
si trasforma in fuochi malsani.
Allontanatevi, trovate il vostro nucleo.
Rivolgere il viso al sole, purificarsi, diventare integri.

La rabbia favorisce la creatività.
Le braci ardenti formano una potente alchimia.

Dipingere, scrivere, trasformare le braci in oro scintillante

finché le fiamme non si spengono e diventano fredde come la pietra.

Bilanciare la rabbia con la routine quotidiana.

Scivolare fuori dalle fiamme, aggrapparsi a momenti di felicità

finché la rabbia non perde lentamente la sua intensità

e voi e la vostra rabbia vi separate definitivamente.

Vincere le emozioni

Mentre la musica va lentamente alla deriva nella dolce brezza,

si alza con le note, si muove quasi con assiduità.

Alzando le mani, oscilla con i battiti.

Gira e rigira per assecondare il ritmo lento, il calore crescente.

E ad ogni piroetta espira tutto,

la rabbia, l'ira, gli scherni crudeli!

Vorticoso, vorticoso, con le gonne che sventolano,

fino a diventare un tutt'uno con il battito, il ritmo, la cantilena

Le sue mani si alzano per incontrare il cielo blu.

Le sue suole affondano nella terra morbida del mango.

Mentre sale in un crescendo, salendo, salendo,

e la Terra la raggiunge, mettendola a terra, a terra.

La sua anima si alza per incontrare le barre musicali

e lo svuota di tutte le lacerazioni, le cicatrici.

È un derviscio vorticoso che svuota il dolore,
finché la sua anima non riacquista; la sua anima riacquista.

E finalmente regnano la pace e il perdono!

Dalle fiamme alle braci

Mentre gira il viso
al cielo azzurro pallido,
sente la prima puntura
dell'inverno sulla sua pelle.

Beve l'aria fresca,
lento,
facile,
a piccoli sorsi.

E tutta la rabbia,
tutto il fuoco,
che ribolle come lava,
bruciante,
soffocamento,
lentamente si spegne.

Le fiamme si trasformano in braci
e la freddezza placa la rabbia.
La dissonanza tra

il mondo esterno e l'io interiore

si dissipa lentamente al punto di fusione dell'orizzonte.

E allunga la mano con esitazione
per afferrare i tenui fili della vita
per giorni migliori.

Il rafforzamento

Il coraggio

Siete stati plasmati dalla polvere di stelle
e il coraggio ti scorre nelle ossa.

Il coraggio che vi spinge a presentarvi
per il mondo anche quando
ti ha trattato così male.

E non solo ti presenti,
si presenta vestita di gentilezza.

Il coraggio scorre nelle tue ossa
e mi meraviglio delle mille ragioni
che trovi per andare avanti e non fermarti mai,
nonostante tutto.

E il coraggio scorre nel midollo
delle tue ossa, perché tu credi sempre in te stesso
e scegliere di andare avanti anche quando
la vita vi dà mille motivi per ritirarvi.

Sì, c'è del fuoco nei tuoi occhi
e il coraggio nelle ossa.
Lo vedo, dolcezza.

Montagne di oggi, storie di domani

E le montagne che scalate oggi,
quelli insormontabili,
formeranno le storie che canterete domani
ai vostri figli e ai loro figli.

Ed è così che nascono le leggende
e tramandato di generazione in generazione.

Fare il tifo per lei

E lo devi alla bambina che è in te.
che credeva nella magia
anche quando i demoni hanno lacerato

il tessuto stesso dei suoi sogni
e lei era in bilico sull'orlo del precipizio
più volte di quante ne possa contare.

Più e più volte, ha cavalcato la bestia selvaggia dell'oscurità
e ha scelto la vita ancora e ancora.
E nei giorni in cui si ha successo

Dare alla bambina dentro
un abbraccio e dire,
"Questo è per te".

Morbido e resistente

E il ferro duro che portano nel cuore,
Non lo porterò con me.

Auguro loro ogni bene
e sperare che il tempo marci con le sue lancette
ammorbidirà il ferro duro dei loro cuori.

Gli darò la mia cortesia
ma mai la mia complicità.

E mi riprendo da loro
quello che avevo dato via in modo così sconsiderato.
Piena responsabilità per la mia vita!

La forza

Anche quando si cade a pezzi
e le ginocchia toccano il pavimento
e il tuo dolore è uno tsunami
che vi trasporta onda dopo onda senza sosta.

Tu, tesoro mio, sei forte.
Molto forte.

E anche quando si trasporta
tempeste silenziose nei tuoi occhi
ma riuscite a tenervi insieme
e non cedere di fronte al dolore.

Tu, tesoro mio, sei ancora così forte.

E non è forse questo il bello della forza?
È un mantello scintillante e tutti lo indossiamo in modo diverso.

Per alcuni è una silenziosa tempesta di dolore
e in altri casi è un uragano.

Forza nascosta

Anche quando si riversa dentro di te,
una tempesta che si scatena
e voi state annegando nel diluvio.

Siete così meravigliosamente forti.

Non permettete a nessuno di vedere la tempesta.
Tutto ciò che vedono è la luce del sole nei tuoi occhi
e le rughe intorno alla bocca.

E questo è ciò che vi rende
così incredibilmente bella ed eternamente forte.

Storia di una rosa

In un pergolato ombroso e boscoso,
come una nave attratta da un porto sicuro,
La rosa dei viandanti cerca riparo
rivolgendosi verso l'interno del suo epicentro.

Ah, la rosa! Quale enigma si cela nella vostra bellezza.
I vostri morbidi petali di rugiada si sono schiacciati così facilmente.
Le tue spine ben nascoste nel tuo stelo carnoso
parlano della forza nascosta, delle vostre vere gemme.

Combatti una buona battaglia, mia rosa.
Combatti, vinci, resisti ai colpi.
Potete essere piegati, ma mai spezzati.
Schiacciati, emanano una dolce fragranza, vero pegno d'amore.

La tua bellezza è nella tua forza, la tua forza nella tua bellezza.
Quando la buona battaglia è vinta, ci si ritira nella propria autenticità.

Vivrai per raccontare altre storie, mia rosa.

Per il momento, dormite e raccontate storie d'oro puro!

Fiori selvatici ed erbacce

E avrò sempre un grande rispetto
per i fiori selvatici e le erbacce! Guarda
che crescono in un abbandono così gay!
Non si vestono da soli
con morbidi petali e preziosi boccioli.

Oh! Guardateli mentre ballano in tutte
la loro disadorna gloria nella
brezza estiva. Mentre le rose di rubino

e i gigli innevati desiderano l'acqua,
cibo ricco e cure tenere,
I fiori selvatici si dilettano nel loro
l'amore totale e sregolato per la vita
che sfida le regole dell'esistenza ordinata.

E che importa se mani scortesi li strappano
dal terreno e gettarli via
per fare spazio alle rose pregiate?

Ancora oggi tornano a vivere
spingendo verso il sole
attraverso le piccole fessure delle pietre del selciato.

Sì! Ho un grande rispetto per i fiori selvatici e le erbacce!

La storia di un albero

Sei una piantina in piccole mani a coppa

piantati in profondità nella vostra piccola terra-giardino.

L'acqua della vita viene assorbita da un terreno ricco e umido.

Mani gentili vi prodigano cure e fatiche.

Siete un piccolo alberello, appena spuntato dalla terra umida.

Le tue tenere foglie danzano per celebrare la tua nascita.

Sei un albero, sei degno e forte.

fino a quando non siete stati sorpresi da una grande tempesta.

La tempesta soffiò per molti giorni e notti.

Ha infiammato le vostre foglie nel vento.

La tempesta ha rubato i tuoi rami, ha spezzato i tuoi rami.

I vostri amici alberi hanno tremato; molti sono caduti a terra.

Hai tremato nella morsa della furia della tempesta.

Eravate stanchi della grande crudeltà della natura.

All'improvviso scese un silenzio, la tempesta si era fermata?

Con stanchezza, sollevando l'abbaino spelacchiato, avete chiesto: "Ha finito?".

"Sono l'occhio del ciclone", ha urlato.

"Come fai a stare ancora in piedi, svelami il tuo segreto!".

"Ah! Puoi spogliarmi delle foglie e anche dei rami.

Tutto questo e altro ancora si può fare!".

"Ma la mia forza risiede nelle mie radici che crescono in profondità nella Madre Terra.

Li ho coltivati fin da quando ero una piantina della Terra.

E oggi so cosa posso sopportare.

Allora scatenate il vostro furore; non conoscete le mie radici, la mia terra!".

Tu sei abbastanza!

E quando ci si guarda intorno
e vedere gli altri
così intelligente,
molto più giovane,
forse più bella,
e più intelligente,
sostenere l'onere di
dolore così bene.
Molto più forte.

Ricordate questa cosa!
Tu sei abbastanza!

E quando ci si guarda intorno
e vedere gli altri
che lo tengono insieme
con leggiadra facilità,
così in grado di affrontare ogni tempesta,
molto meglio di tutte le tue sorelle.

Ricordate questo!
Tu sei abbastanza!

E ricordate questo! Ricordatelo bene!
La maggior parte delle vostre sorelle sta improvvisando,
inventando di sana pianta, fingendo.
Stanno lottando ma lo nascondono
dietro sorrisi e volti illuminati
con risate e perfezione.

Quindi tu sei abbastanza!
Così tanto da bastare!

Nei giorni migliori,
giornate negative,
giorni di pioggia,
giornate di sole,
sei davvero sufficiente!

Quindi potete scegliere di essere diversi.
Abbracciate la vostra sufficienza
e indossarlo con orgoglio
come un bellissimo abito.

E quando lo si fa

non sentirete il bisogno di

il nascondiglio,

e la falsificazione,

e il perfezionamento.

Perché avrete imparato l'arte della perfezione imperfetta.

Il potere del silenzio

E quando il mondo impazzisce.
Gli attacchi arrivano da ogni parte.

Le persone più sagge scelgono il silenzio come risposta!
Pochi capiscono il potere del silenzio!
È più potente di mille parole!

Ma rimanere in silenzio di fronte alla furia,
Ecco la formula magica.

Devi amare te stesso
ferocemente, interamente, completamente.
Amate voi stessi abbastanza da conoscere il vostro valore!

Autostima

Chi decide quanto valete?
Si misura dalla lunghezza dei capelli, dalle dimensioni della circonferenza?

Chi dà valore a ciò che siete?
Controllano il vostro saldo bancario; i vostri profitti e le vostre perdite si sommano?

L'autostima è una cosa tangibile?
Le etichette sui vostri vestiti, le auto che guidate?

Chi decide la profondità del vostro valore?
È direttamente proporzionale alle dimensioni della casa?

Gettare via queste nozioni "indegne",
Avete deciso di dare una nuova definizione.

L'autostima è essere fedeli al proprio io.
Con le norme sociali che rifiutano di plasmare se stessi.

E l'autostima è la voce dell'autenticità.
È la voce della compassione, la sua semplicità.

Potrebbero arrivare un centinaio di detrattori,
gettare ombre sul vostro valore, dire che non siete adatti.

Ma se l'autostima è illimitata e ha radici vere e profonde.
La vostra forza interiore è vostra e potete conservarla.

La guarigione

Dopo la tempesta

Nessuno duella con i danni e ne esce indenne. Sei stato così forte! Non avete chiesto la loro pietà o compassione. Ma volevate un gesto d'amore, una parola gentile, un po' di compassione. Non l'hai capito, vero? Avete combattuto una guerra e l'avete combattuta da soli. Ora riposate, ringiovanite. È tempo di guarire.

Dualità

Se la rottura e la frantumazione si sentono come uno tsunami

allora la guarigione fluisce in dolci onde.

E se in alcuni giorni

ci si sente come se si stesse annegando nella sofferenza,

ci sono altri giorni

cavalcate le onde della guarigione benedetta.

Cieli sereni, notti stellate, nessuna speranza in vista

Disegnare le ombre su cieli limpidi, notti stellate.

L'alba rosa rimetterà a posto il mondo?

Se le nuvole scure gettano ombre di incertezza,

una scheggia di luce rivela le infinite possibilità di oggi.

Si può dipingere la bellezza da pennellate di dolore?

Stendete il cappuccio della speranza sul vostro viso consumato dalla cura.

E anche se non c'è più speranza in vista,

c'è sempre un'altra alba, un'altra notte stellata.

Corone di nebbia avvolgono colline fredde e blu.

Immerso nella pace divina, il tuo canto è vero.

Ma dolcezza! Perché, perché non te l'hanno mai detto?

Questo mondo non è mai stato pensato per una persona bella come te.

Dopo la tempesta

Nessuno duella con i danni
e ne esce indenne.

Eri così forte, dolcezza.
Non avete chiesto la loro pietà o compassione.

Ma lei ha voluto un gesto d'amore,
una parola gentile, un po' di compassione.

Non l'hai capito, vero?

Hai combattuto una guerra, dolcezza,
e hai combattuto da solo.

Ora riposate, ringiovanite.
È tempo di guarire.

Le cicatrici che sussurrano

E un giorno, tesoro,
Vi prometto che guarirete.

E le tue ferite si chiuderanno
e il dolore finirà.

Ma porterete sempre con voi le cicatrici
che vi ricorderà
del danno che è stato fatto.

Cicatrici che sussurrano
le cose che sono state dette,
le persone che ti hanno voltato le spalle.

E le vostre cicatrici saranno i distintivi
della guerra che avete combattuto
per diventare la persona che siete oggi.

Indossate le vostre cicatrici con orgoglio.

Tre parole magiche

E guardando indietro, vedi la tua vita
disseminato di caos
che fuoriesce dai pori scuri
della vostra esistenza?

Il dolore può sembrare infinito in questo momento.
Rilascia il dolore, Dolcezza.

Sussurrate a voi stessi queste tre parole magiche,
"Lascia perdere!"

E poi chiedersi
quali insegnamenti ha tratto da questa vicenda?

Uscire dall'ombra

La guarigione non è lineare o circolare. È come entrare in un labirinto senza una mappa del percorso. Prenderete molte strade sbagliate e deviazioni. E l'obiettivo non è trovare l'uscita dal labirinto. È entrare nel centro del labirinto.

La vera guarigione è un lavoro interno. Non si può guarire costeggiando la periferia del labirinto, dove si trovano i sentimenti e le emozioni superficiali. È necessario andare dentro di sé e connettersi con il proprio nucleo interiore. Lì incontrerete le vostre emozioni e i vostri sentimenti più profondi. Onorateli perché sono lo specchio del vostro vero io. Vi mostreranno chi eravate prima della rottura e la persona che ne è uscita.

Potreste non trovare mai una soluzione. Ma cercherete la liberazione. E lo cercherete nelle persone e nelle cose che lasciano un bagliore caldo e persistente nel vostro cuore. È necessario disimparare l'arte di vivere e fare e reimparare l'arte di prosperare nel momento presente.

Unboxing dell'oscurità

Quando la vita ti consegna scatole di tenebre
tutti avvolti in un involucro di bruttezza,
a testa alta
attingere forza dall'azzurro del cielo.

Inspirate la pace del blu dentro di voi
ed esalare le grigie corone di bruttezza da voi.
E trovate la forza di aprire le porte dell'oscurità,
i nomi, gli scherni crudeli, la bile dell'amarezza.

E si libera tutto nel vento selvaggio.
Guardate l'oscurità non incartata fluttuare nel nulla.
E vi sistemate sull'erba morbida, finalmente a vostro agio.
Anche i fiori di campo fioriscono sulle ceneri dell'astio.

Funerale dei dolori

Oggi ha scelto di accendere un fuoco. Ha usato polvere di fata e scintille di folletto per mantenere alte le fiamme. E in essa ha proiettato ogni cicatrice, ogni dolore, ogni ombra, ogni penombra. I momenti bui, i sogni infranti e le promesse vuote che l'avevano bruciata come una stella cadente, oggi ha scelto di bruciarli tutti.

E quando le fiamme arancioni si sono trasformate in braci incandescenti, ha raccolto una manciata di cenere grigia e, chinandosi sul ruscello che scorre, ha aperto lentamente il pugno rilasciando la cenere grigia nell'acqua increspata. E vide nell'acqua scintillante una donna pura e bella, ripulita dalle brutture di ieri. E i suoi occhi riflettevano la speranza di un domani sano.

Amare il mondo

E quando la gente la rifiuta,
si rivolge alla natura e ama il mondo che la circonda.
Le nuvole sono come morbidi cuscini di piume nell'azzurro pallido.
Il canto dell'usignolo emoziona con la sua dolcezza,
così come i morbidi petali della rosa contro la sua guancia.

E che importa se le calzature sono usurate e i piedi doloranti,
e i suoi vestiti un po' malandati?
Non si concentra quasi mai su questi banali aspetti esteriori.
La sua mente è così consumata dalle parole che danzano
nella sua testa e che si ritrovano magicamente sul suo piccolo schermo.

E quando è stanca per le lunghe ore di lavoro, è comunque soddisfatta.
Può infilare le sue calzature consumate e passeggiare

dove i pavoni danzano in un gay abbandono,

e gli uccelli canori intonano il loro canto serale di allegria,

e il rosso sfuma nel grigio dell'orizzonte.

Guarigione

Dopo aver trascorso giorni in una nebbia di nuvole grigie e torbide,

La luce del sole filtrava a fiotti, dicendo la sua verità ad alta voce.

Ha aperto le finestre chiuse contro il mondo esterno.

E lasciar entrare la luce e l'aria e il canto degli uccelli pieno di allegria.

Dopo giorni passati nascosta sotto il piumone a piangere,

le ci è voluto molto tempo per percepire la verità sotto la ferita.

Solo le creature spezzate e piene di dolore possono distruggere gli altri.

Le loro vite sono prive di gentilezza, non c'è amore nei loro cuori.

Ma solo i forti possono resistere a una tale rottura.

Prendendo il tutto con il loro passo silenzioso, i colpi di frusta, i dolori.

Gli infranti si sono messi a rubare le anime.

I forti guariscono, si integrano.

L'amore infranto che si spezza, che riduce le vite in frantumi.

Un'eco del dolore che riempie i loro esseri vuoti.

I forti sono i sopravvissuti.

Reclamare le loro vite; eterni combattenti.

E nel reclamare, stabiliscono forti confini

contro gli spezzati e la loro furia sfrenata.

Questa è la loro vita, questa è la loro casa.

Le persone non più autorizzate non sono le benvenute; questa è una zona di divieto di accesso.

Il recupero

Dopo una grande rottura arriva una grande guarigione
e si guarisce nelle cose di tutti i giorni.
Quando si liberano le superfici ingombre,
mettere le cose al loro posto.

Trascorrere lunghi momenti sotto la doccia
permettendo all'acqua di lavare via le brutture di ieri.
E uscire splendenti e integri
pronto ad affrontare il mondo.

Si scambiano i pantaloni da yoga per un abbigliamento da tempo dimenticato.
Mettete i capelli dietro le orecchie e indossate queste bellezze.
Strofinate il burro per il corpo profumato sulla pelle stanca.
Strofinare i riflessi sui capelli flosci.

E accendete le vostre candele,
Lasciarsi trasportare dalla musica

mentre prendete in mano libri ben sfogliati.

Andate a fare delle passeggiate con il viso rivolto agli acquazzoni monsonici.

Ammirate la bellezza blu-verde di un pavone.

Contemplare le ombre colorate dal sole che giocano a nascondino.

E mentre il balsamo lenitivo della speranza avvolge la vostra anima,

sapete che presto uscirete e troverete il vostro posto al sole.

Sollevare il velo della depressione

È una regina guerriera.

Ha costeggiato l'"occhio" del dolore e della disperazione

e camminava a piedi nudi su una terra arida e irrimediabile.

Nel suo dolore, regna sovrana.

Tuttavia, porta con sé le cicatrici.

Piegato ma non spezzato dal dolore.

La sua risata si perde in un domani nascosto.

Non si duella con il dolore e non si lascia un segno.

Poi, mentre camminava sulla terra arida, incontrò Salomone.

Non sono mai state pronunciate parole più sagge.

"I carichi pesanti non sono fatti per essere portati; lasciate cadere il vostro fardello".

Così, si è esercitata a mettere da parte il suo dolore, un mattone alla volta.

E notò le gocce di rugiada che brillavano sui petali di rosa.

La sua risata risuonava forte e chiara, non spesso, ma di tanto in tanto.

Si è fermata a bere la bellezza del mondo; si è fermata più spesso.

Come una brezza marina, il dolore si è sollevato; si sono posate docce di felicità.

Abbigliamento senza prezzo

È entrata
indossando il suo mantello di fiducia
con tanta grazia
e senza sforzo.

E tutte le persone sedute in quella stanza
ammirava la pace che irradiava il suo volto.
E sussurrarono tra loro
che dono inestimabile è stata quella pace.

Ma non lo sapevano, vero?
quanto tempo aveva risparmiato
di indossare quel mantello di fiducia?

E le perle di pace che indossava con tanta disinvoltura
le era costato molte ore di solitudine
trascorsi in preghiera e riflessione.

E il sorriso che le illuminava il viso
e rifletteva mille stelle nei suoi occhi,
aveva imparato a disegnarlo
dai rivestimenti d'argento sulle nuvole scure
e indossarlo sul viso e specchiarlo nell'anima.
Ma quella conoscenza era sua e doveva essere conservata.
Perché aveva imparato
il modo più difficile
che nella vita nulla è facile,
non la fiducia,
non la pace,
e non la felicità.

E la gente trova il modo di distruggere le cose belle.

Impossibilmente imperfetto

A volte il mondo ci avvolge in una coltre di aspettative. La vita vi ha ridotto a un derviscio vorticoso? Vi siete esauriti? Un fare umano che si muove con ritmi e schemi tali da far sorridere di approvazione tutti coloro che vi circondano.

Ma, dolcezza, ricorda questo! Non è necessario essere sempre impeccabili. Non dovete imporre a voi stessi standard di perfezione impossibili da raggiungere. E poi guardarsi ridurre a pezzi, mentre si riduce giorno dopo giorno in una palla stretta di risentimento del nulla.

Guardate gli uccelli, come volano liberamente di giorno e tornano ai loro nidi di notte. Non si fermano mai durante il volo per chiedersi se stanno facendo bene. E il sole sfavilla nel blu, entrando e uscendo da cieli nuvolosi e limpidi, senza fermarsi un attimo per chiederi se lo sta facendo bene.

E il mondo ti chiede, dolcezza, di scrollarti di dosso tutti gli strati di aspettative, il peso della perfezione e di restare lì, completamente vulnerabile, incredibilmente umano, completamente amabile così come sei! Fatti avanti, dolcezza! E prendete il vostro posto nell'Universo! Si offre a voi! Il tuo posto è qui!

L'arte di guarire

Non c'è nulla di bello nella guarigione. È disordinato e brutto, con molte tensioni rabbiose intrecciate tra loro. La guarigione non è un diario scritto in modo ordinato con tutti i vostri momenti bui. Sono pagine strappate e fogli schizzati d'inchiostro.

È presentarsi alla vita ogni singolo giorno quando tutto ciò che si vuole fare è strisciare tra le coperte e dormire. È appoggiarsi alle persone, soprattutto nei momenti in cui si vuole stare da soli con i propri pensieri. È respirare e con ogni respiro riunire i frammenti del corpo, del cuore e dell'anima che si sono allontanati. È riunire tutti i frammenti della vostra anima sotto un unico ombrello dove danzano in tandem l'uno con l'altro.

È ricordarsi di essere un essere umano, non un fare umano. I vostri pensieri e sentimenti creeranno un dolore che vi attraverserà fino alle ossa. Ma il dolore non è mai costante. E quando si fermerà saprete di poter sopravvivere a tutto.

Guarire con amore

C'è sempre spazio per l'amore.

Anche quando il dolore ti sommerge
in un'ondata dopo l'altra.

Quando le coste della sopravvivenza sembrano
distante e irraggiungibile.

Quando lo tsunami del trauma
vi scuote da ogni emozione.

Alla fine, c'è sempre spazio per l'amore.

L'amore è l'ingrediente più potente
nel percorso di guarigione.

Il cerchio della guarigione

Nei giorni in cui si ha voglia di
Non fate altro che regredire,
che girano intorno alla stessa frantumazione
sentimenti, ancora e ancora,
Non essere dura con te stessa, dolcezza.

Avete fatto molta strada
e il vostro viaggio non è un'illusione.
La guarigione non segue mai un percorso lineare.

Quando finalmente si sceglie di amare se stessi
i pezzi andranno al loro posto.
Guarirete e i vostri sentimenti guariranno.

Il conforto delle piccole cose

E nei giorni in cui il mio trauma
mi opprime,
Mi confortano le piccole cose

Nella radica di rosa che si intreccia
e si rovescia sulle pareti.
Nel dolce suono della pioggia che getta
freschezza sulla terra mentre cade.

Nella gioia del passero
mentre becca il pane che ho
e poi prende il volo.

Nella brezza leggera che sussurra
attraverso gli alberi che mi cullano nel sonno.

Ricordo le persone che
amarmi incondizionatamente
e non mi lascerà mai.

E tengo i miei ricordi vicino a me
mentre mi dondolo sulle onde del trauma
verso le sponde della pace.

La guarigione nelle vostre mani

Dobbiamo guarire da ciò che ci ha distrutto.
Dobbiamo versare acqua sulle nostre ferite.

E lasciare che il vento sussurri
la sua magia lenitiva sulle nostre cicatrici.

Fare il bagno nell'argento
luce della luna.

E lasciare che i fiori baciati dal sole
per accarezzare dolcemente i nostri volti.

Non possiamo stare seduti lì
e fissare le nostre ferite.

Dobbiamo mettere noi stessi al primo posto
e guarire noi stessi
e ricordare a noi stessi
nessuno ci salverà.

Spetta a noi salvarci.

Il vostro viaggio di guarigione

E durante il vostro percorso di guarigione dovete imparare a immergervi nelle acque dell'autocompassione. Dovete avvolgervi in strati di gentilezza. E quando la gioia si poserà sul vostro essere, rassicurante come i primi raggi di sole, imparerete a liberarvi degli strati di dolore e di ferite a cui vi siete aggrappati così strettamente perché erano diventati la vostra zona di comfort. E infine, quando vi libererete del dolore, una vecchia pelle indesiderata, risorgerete splendenti e integri alla luce del sole.

Un oceano di guarigione

E quando vi tuffate in profondità nell'oceano della guarigione, incontrerete prima l'oscurità delle vostre ferite. Dovete nuotare nell'oscurità per un po', anche se essa minaccia di strapparvi con i suoi denti di squalo.

Nuotando più a fondo, emergerai dall'oscurità nelle acque della rabbia. Dovete nuotare nelle pozze torbide e insanguinate per un po', ma rimanete a galla. Non sprofondare nel rosso.

Quando finalmente vi lascerete alle spalle le acque della rabbia, troverete le fresche acque verdi del mare della guarigione, che vi leniranno con dolcezza. E nuotando ancora, l'oscurità e il mare rosso si ritireranno nei recessi della vostra memoria e alla fine riemergerete dall'oceano come una persona diversa.

Trasformazione

E ha commesso l'errore di pensare che il punto di arrivo della guarigione e della trasformazione fosse imparare ad amare se stessa. E quando il mondo l'ha distrutta, si è risanata imparando ad amare se stessa. L'amore per se stessa faceva parte del suo percorso di guarigione.

Ma il punto di arrivo della trasformazione non era amare se stessa. È stato un abbandono totale all'universo. Quando imparò a capire il viaggio delle nuvole che scivolano su cieli cerulei. E quando il canto degli uccelli risuonava dolce e vero e lei sapeva in cuor suo che stavano cantando una dolce canzone di speranza. E quando imparò ad ascoltare i segreti del fiume; segreti che aveva raccolto nel suo lungo viaggio prima di riversarsi nel mare - fu allora che divenne un tutt'uno con l'universo e con tutti gli esseri viventi. E non solo era guarita, ma era diventata una persona diversa. Si era trasformata in un essere universale.

Il ruminare

Riflessioni

Non ho più bisogno del vecchio dolore.
Per stanze buie senza luci,
per gli incubi che seguono storie dolorose,
Non ho più bisogno di nessuno di questi.

Per ora mi concentro sulla dolcezza di ogni giorno.
Il mio cuore è seminato insieme a
globi d'oro caldi
che ospitano alcuni ricordi preziosi.

Gli alberi dimenticano le foglie in ottobre?
E la luna?
Non si dimentica mai di fare la cera e il tramonto
ogni quindici giorni?

Proprio come la ricetta di questi eventi sacri è cucita
nelle loro case dell'anima,
ci sono alcuni momenti che rimarranno con me per
sempre
ricordandomi di una vita ben vissuta.

Cose preziose

Una volta conservavo le cose preziose.
Scatole, armadi e cassetti
erano ordinatamente impilati con le mie cose preziose.
Quella tazza di Cina scheggiata, un regalo
da colei che scintillava di risate.
E quelle conchiglie lisce di cowrie
raccolti durante una gita in spiaggia dimenticata da tempo.
E il volto sereno e sorridente del Buddha,
il suo viso liscio emanava la pace che desideravo nella vita.

Fino a una calda mattina d'estate,
Ho visto le cose preziose per quello che erano realmente.
Disordine!

Avevano lentamente, quasi insidiosamente
si sono insinuati nei cassetti e negli armadi
e occupavano ogni vera superficie della mia casa.

E ho raccolto tutte le cose preziose
e li ha regalati.
Ora mi sento molto più leggera.
Perché ho commesso l'errore di pensare
le cose preziose ospitano ricordi preziosi
quando in realtà è il cuore
che è un deposito di cose preziose.

Niente dura

L'altro giorno ho visitato la Casa dei Morti.

I miei occhi scorsero la fila di nomi.

Una volta si rideva, si parlava, si facevano progetti di vita.

Ora ridotto a fredde pietre cosparse di fiori

da chi li ricorda con le prime lacrime

e poi sorrisi affettuosi.

E mi rendo conto che nulla dura nel mondo.

Perché anche i ricordi svaniscono con le lancette del tempo.

Le sfumature della vita

La palla di fuoco nascente all'alba
Tonalità rosa-arancio; sorgente della natura
Rosa, per disegnare il sapore dell'amore
Arancia, gioia di vivere assaporata

La palla d'oro al suo picco radioso di mezzogiorno
La vena pulsante della vita rivela
Un richiamo all'attività spontanea
I boccioli in fiore annunciano la bontà della natura

La torcia di fiamma smorzata al crepuscolo
L'ora blu tra il giorno e la notte
Richiama alla mente pace e serenità
I compiti mondani lasciano spazio alla creatività

Quando le tenebre scendono sui cieli sabbiosi
Con diamanti scintillanti come piccoli occhi
La sfera cremosa in accordo con i ritmi dell'acqua
Cera, tramonto, spiritualità

Panorama crepuscolare

Cieli mistici al crepuscolo
sono accompagnati da lezioni a bizzeffe.

Sfumature di grigio mentre il giorno se ne va
si mescolano il bene e il male in ogni cuore.

Le delicate sfumature arancioni ricordano
semplici atti di gentilezza.

E si estende su questa bellezza lirica
L'azzurro incantevole parla di pace e purezza.

La bellezza nelle piccole cose

E imparate a trovare la bellezza nelle piccole cose!

Un piccolo giardino,
il sorriso di un neonato,
un verso di una poesia,
nuvole che fluttuano sognanti in cieli cerulei.

Nutrono l'anima.

Introspezione

E ha commesso l'errore di pensare
alcuni giorni era il fiume,
e alcuni giorni era un lago,
e nei giorni difficili pensava
era solo una piccola goccia.

Ma non sapeva di essere
nessuna di queste cose. O forse
era tutto questo e molto di più, perché
ospitava un intero oceano nella sua anima.

Tutto quello che doveva fare era
rompere la barriera di vetro
del suo pensiero e immergersi in profondità
nelle profondità del suo essere
per scoprire se stessa.

Creare persone gentili

Le persone non nascono gentili. Sono resi gentili quando la vita li costringe ad attraversare le fiamme del trauma. Le anime più gentili hanno sperimentato molto per mano della vita e hanno trasformato le loro dure esperienze in lezioni di dolcezza e compassione. Ancora e ancora, le anime gentili volgono il viso al calore del sole e scelgono di credere nell'amore. Le persone gentili vengono forgiate dalle mani amare del fato e del destino.

Destino e libero arbitrio

Nella lotta tra destino e libero arbitrio,
come fa il piccolo umano a prevalere?
La vita è predestinata... prevista dalle stelle?

In effetti, è così...

Finché il libero arbitrio non alzerà la sua testa leonina
per rivelare il segreto finale.
Essere nel mondo ma non del mondo.

Felicità in tempi difficili

E coloro che hanno subito una grande perdita
spesso trovano la felicità
nei luoghi più inaspettati.

E abbracciano la loro felicità
e tenerlo vicino
custodendolo ferocemente come un gioiello prezioso.

L'arte di donare

Sapevate che le api sorseggiano il nettare dai fiori?
Sì, certo che lo sapevate, direte voi.
Ma lo sapevate che i fiori all'alba
dispiegano i loro petali lucidi e intrisi di rugiada
e sussurrare dolcemente al vento?
E il vento porta la loro parola alle api,
"Vieni a mangiare da me".

L'amore più dolce

Guardate il Sole che emana liberamente la sua luce al mondo e il suo calore, in cui si divertono sia i fiori che le api.

E guardate la tenda di pioggia che cade dolcemente sulla terra. Oh, come risveglia le gemme per sbocciare. E le fioriture, a loro volta, cedono liberamente il loro nettare alle api.

Eppure non ho mai sentito la natura sussurrare: "Sei in debito con me". Avete mai visto un amore così dolce in uno dei libri? Un amore che riempie di piacere.

Guardate come Apollo vi raggiunge e vi riscalda anche quando siete davanti a Lui a mani vuote, a piedi nudi, privi di qualsiasi offerta. Anche voi sentite questo amore? O vi siete uniti alla corsa infernale per il denaro, il potere, i beni?

Rivelazione

Quest'anno il monsone è arrivato in anticipo, bandendo il caldo torrido dell'estate con una sola pennellata di pioggia. E così le stanze buie per intrappolare l'aria fredda sono diventate un ricordo del passato.

Sono scivolato di nuovo all'aperto. Respiro profondamente per immergermi nella dolce fragranza della terra inumidita dalla pioggia. Mi sono goduta le gocce grasse e fresche che cadevano sul mio viso, rotolando sulle guance.

E ho indossato il vento fresco del monsone come un mantello leggero. Sapevo di non dovermi preoccupare di un'altra estate calda e buia per qualche tempo a venire. E ho aperto le braccia al mondo per prendere il mio posto nella natura delle cose.

Esuberante

Accendo una candela in una stanza buia. A testa china su fogli immacolati, mentre mi sforzo di catturare la mia musa e di inchiostrarla sulla carta. La candela brucia poco. Lo guardo. Resisterà fino a quando non avrò terminato il mio scribacchiare, il mio vano afferrare la mia musa?

Una falena vola nella stanza senza preavviso. Si libra basso sulla fiamma. Il calore brucia le sue ali mentre vola via. Lo guardo mentre svolazza nell'aria con le sue ali annerite e dilaniate dalle fiamme.

Ma lo spirito esuberante della falena rimane intatto. Non noto alcun accenno di autocommiserazione. Non è una cosa meravigliosa?

Nutrire l'anima

Cose che schiacciano l'anima:
- Bugie
- I segreti
- Manipolazione
- Esaurimento

Cose che fanno rinascere l'anima dalla morte:
- Connessioni vere
- Comunicazione onesta
- Grazia sotto pressione
- Amore incondizionato

La terra come poesia

E alcuni di noi non aspirano alla grandezza. Ci accontentiamo di scrivere sotto il cielo, di sorridere con i fiori e di coltivare il nostro piccolo giardino.

Alcuni di noi si accontentano di nutrire.

Madri eterne! Attraverso la nostra arte creiamo nuovi percorsi.

Persone speciali

So che ci sono persone che sorridono alle piante e ai fiori, che si rallegrano del volo dei passeri.

Persone che amano il rombo del mare e la quiete delle montagne nebbiose.

Persone che costruiscono case di pace nelle loro anime.

So che ci sono persone così, persone speciali. Posso capirli.

I tre errori della vita

Il primo è amare gli altri più di se stessi.

Il secondo è preoccuparsi troppo, troppo profondamente
sia che si tratti di amore o di amicizia.

Il terzo è vivere per gli altri e non per se stessi.

E quando il tappeto viene tirato
da sotto i tuoi piedi
e ti rendi conto di anni di amore, anni di cure
sono stati vani!

Sua figlia la guarda
con un sorriso accattivante.
La sua semplice risposta è vera,
"Fatti, sii, amati!".

L'amore è una cosa curiosa!

Nei pomeriggi umidi, mentre le grasse gocce di pioggia sferzano il vetro della finestra, tira fuori a caso i vari amori nascosti nel suo cuore.

Questo, così morbido e bello, come le guance rosee di un neonato!

Questa, forte e duratura, è destinata a durare tutta la vita e oltre! Non è questo che promettono i "voti"?

E questo, un amore sciocco e ridanciano mentre si riparano sotto una grande foglia e parlano dei meandri della vita!

Le ultime gocce di pioggia rotolano sul vetro, mentre lei ripone i vari amori nel suo cuore, soddisfatta di una vita ben spesa.

Nota un bellissimo arcobaleno che attraversa il cielo in un caleidoscopio di colori che ricordano le varie tonalità della sua vita. E un uccellino canterino salta sul suo vetro per ricordarle l'unico amore che ha trascurato.

"È l'amore più grande di tutti", cinguetta l'uccello prima di scomparire nell'azzurro dell'aldilà e lei si chiede dove cercare questo amore....

Conversazioni con l'anima

L'ho vista in piedi sulla riva del mare. Allargò le braccia verso il mare acquatico. E guardandola, ho capito che voleva abbracciare l'intero universo nel suo piccolo essere.

Mi avvicinai a lei con esitazione. E voltandosi, mi guardò con occhi dolci. Vedevo un mondo d'amore che si specchiava nei suoi occhi nocciola.

"Dolcezza", sussurrai, "prima di riversarti nell'universo, impara ad amare solo te stesso".

"Non so come", rispose lei sottovoce.

E prendendola per mano, la guidai verso il bordo delle onde acquatiche. "Guarda dentro di te, dolcezza", sussurrai. "Nel tuo piccolo, tu racchiudi tutte le risposte". Sorridendo, le accarezzai dolcemente la guancia prima di allontanarmi!

"Aspetta!", chiamò a bassa voce. "Sei uguale a me, eppure stranamente diverso. C'è un'atmosfera ultraterrena in te. Chi sei?"

"Non mi riconosci, dolcezza? Io sono la voce della vostra anima".

La vasta natura dell'amore

Si alza con l'alba e cammina fino alla riva sabbiosa, dove le ali bianche si abbassano sul fondale blu. Le sue dita artigliano la sabbia soffice e sciolta e ne rastrellano la morbidezza fino a esporre le belle conchiglie rosa nascoste nelle sue profondità.

Raccoglie le conchiglie in un barattolo blu e, strappando al cielo una nuvola bianca come il cotone, sigilla il rosa salato nel blu incontaminato.

Infilandosi le mani in tasca, estrae una crosta di pane e spezzandola ordinatamente a metà, ne mastica distrattamente una parte mentre offre l'altra alle ali bianche.

Perché non apparteniamo tutti a una grande famiglia? Ma dobbiamo ricordarci di amare prima di tutto noi stessi.

Un amore duraturo

E ha commesso l'errore di pensare che, essendo così amata dal mondo, non avesse bisogno di amare se stessa. Era sufficiente che si donasse a tutti in cambio di tutto l'amore che le avevano riversato addosso.

E poi, in un colpo solo, il mondo le ha voltato le spalle e l'amore si è trasformato nella grigia cenere del vuoto. E si rese conto che le persone che dicevano di amarla erano bambole di paglia con gli occhi vuoti in campi infestati dalla peste.

Finalmente ha imparato a guardarsi dentro e a trovare l'amore più duraturo di tutti. Ha imparato ad amare se stessa.

Amare se stessi

Andò a fare una passeggiata nel bosco e, accovacciandosi sotto la fioritura cremisi, trovò la sua Rabbia che fremeva tra le spine. Le sue dita sanguinavano mentre estraeva la sua Rabbia dalle spine.

Le gocce rosse scintillavano contro il sentiero innevato e lei guardava il calore rosso che si scioglieva nel bianco freddo fino a non consumarla più.

La luce fioca della finestra la richiamava. Riparandosi nel suo calore, sentì un curioso vuoto all'interno di quello che aveva ospitato la Rabbia per così tanto tempo.

E finalmente.... Ha trovato spazio nel suo cuore per amare ancora una volta. Rifletté sull'amore che aveva dato così liberamente, spargendolo con noncuranza come coriandoli su amici e familiari. E stando lì, nel caldo bozzolo, avvolgendo le braccia intorno a sé, imparò finalmente a dare quell'amore a se stessa.

Il cuore dell'amore per se stessi

Non siete mai stati fatti per rientrare in schemi ben precisi.

Siete stati creati per essere VOI!

E quando si impara ad amare abbastanza se stessi,

accetterete tutti i pezzi di voi che vi compongono.

I pezzi piccoli, i pezzi grandi, i pezzi belli e i pezzi brutti,

tutti contribuiscono a definirvi.

E questo costituisce la base dell'amore per se stessi.

È l'accettazione di sé;

Imparare ad accettare tutti i pezzi che ospitate dentro di voi.

E imparare ad amarsi così come si è,

il te disordinato,

il voi perfettamente imperfetto,

il tipo di te,

il tu silenzioso,

il tu morbido.

Solo tu!

Da impeccabile a bello

Un giorno mi sono allontanata dalla vecchia versione perfetta di me. La versione impeccabile con le spalle ingobbite, la spina dorsale inarcata all'inverosimile mentre mi piegavo all'indietro per compiacere gli altri e portavo la loro approvazione e le loro opinioni come perle perfette intorno al mio collo che si restringeva.

Mi allontanai e trovai ad aspettarmi una donna alta e bella che indossava l'amore con una tale disinvoltura come un bellissimo abito cucito con fili di vaporosa compassione e saggezza. E intorno alle sue esili spalle c'era un mantello di abbondante gentilezza che conferiva una tale grazia alla sua statura.

Tese le braccia in modo invitante. E mi sono avvicinato a lei fondendomi con lei. Mi aspettava da tempo, sussurrò, perché lei era il mio nuovo io, l'io cresciuto, l'io trasformato.

Mi sono fatta avanti con esitazione, indossando con disinvoltura il mio abito d'amore, perché mi apparteneva. Gli spazi vuoti della mia anima, che avevo disperatamente riempito con la mia brama di amore da parte degli altri, erano ora riempiti fino all'orlo e traboccavano di questo grande e potente amore che pulsava dentro di me.

Un amore che nessuno potrà mai portarmi via.

Un amore che non mi avrebbe mai tradito o deluso.

Un amore che mi avrebbe accompagnato per tutta la vita.

Un amore che era incondizionatamente mio.

Con la schiena dritta e le spalle squadrate, mi avvicinai alla cornice dorata e lei mi fissò.

Amore mio!

Lei mi apparteneva.

Lei era me!

Il canto dell'anima dell'amore per se stessi

Quando la vostra mente è dura con voi, tenete ogni pensiero duro nel palmo della mano e soffiatelo dolcemente nell'universo, finché tutti i pensieri duri si trasformano in scintillanti bolle d'arcobaleno che fluttuano nell'aldilà blu.

Lasciate che il vostro cuore irradi i gioiosi raggi rosa quando il vostro cuore canta la sua canzone d'amore per se stesso.

La speranza è la canzone che canto

La speranza è la canzone che canto

quando guardo le nuvole che si addensano sulla terra arida.

Le nuvole ascolteranno il mio canto di speranza?

E rispondere con un dolce canto di pioggia?

E la speranza è la canzone che canto

quando la mia nave viene catturata da un crescendo di onde.

Le onde ascolteranno il mio canto di speranza?

E rispondere con una canzone smooth wave?

E la speranza è la canzone che canto

quando i venti di settembre strappano le foglie dagli alberi.

Il vento ascolterà il mio canto di speranza?

E rispondere con una canzone di foglie verdi?

Eppure la speranza rimane un canto eterno sulle mie labbra,

che mi trilla nelle vene, che mi canta nell'anima.
Che si estende nella vastità dell'infinito
per abbracciare le infinite possibilità della vita.

L'alba della speranza in rosa

La torcia infuocata del cielo che tramonta;
l'ora blu tra il giorno e la notte.
Il crepuscolo annuncia una dicotomia cosmica.
Il vostro Animagus sputa veleno o miele.

L'Ora Mistica canta riti sacri;
promesse sussurrate di una nuova luce.
Risvegliare le anime dal mare notturno
verso la luce scintillante dell'eternità.

Quando l'alba spunta nel cielo rosa,
la speranza eterna si eleva a spirale.
I boccioli sbocciano dalla peste annerita.
Una nuova vita, festeggiamo!

Terra, ora tocca a te respirare.
I fiori sbocciano sotto le foglie verdeggianti.
Gli uccelli si librano liberi nei cieli cerulei
e le persone ricordano come sorridere.

I delfini si divertono nei mari d'acqua.

La natura danza in una sinfonia cosmica.

Le persone abbandonano le vecchie abitudini per le nuove.

L'amore e la gentilezza hanno il loro posto.

La terra carbonizzata fiorisce di nuovo.

La gratitudine fiorisce, le relazioni si rinnovano.

La luce curativa si spande come pioggia melliflua.

Il cielo dell'alba annuncia: "Ricominciamo!".

Fiori gialli di gioia

Abbiamo camminato lungo il nostro viale ombreggiato.

Fiori gialli che esplodono di gioia.

Ripensiamo all'anno trascorso.

L'anno della pandemia; un anno da rivedere.

La nostra testa-mente guarda al 2020.

Un anno di bellezza e bruttezza in egual misura.

La casa e il focolare che abbiamo imparato a custodire.

E il virus che imperversa nell'umanità ha cambiato il corso della storia.

E il nuovo anno porta con sé la speranza nell'aria.

La speranza che gli abbracci tornino a essere liberi dalla paura

e custodiremo liberamente tutto ciò che ci è caro.

Mentre i fiori gialli sussurrano promesse di cure premurose.

La crescita

I fiori del perdono

Fiore a forma di campana in un pergolato glorioso
che sorge con il sole del mattino,
arrampicarsi sotto una doccia meravigliosa,
la vostra bellezza non ha eguali.

Cambia colore con il passare del giorno,
viola fiammeggiante, sfumature di rosa.
Infine, si accontenta di un sospiro silenzioso
in petali ripiegati come per pensare.

Brevemente abbagliante, fiore glorioso,
Mi meraviglio della sua umiltà.
Fiorisce e appassisce in poche ore,
la tua bellezza appassita genera una serenità indulgente.

Ricordando che non tutte le vite sono bianche o nere.
Non tutte le risposte sono sbagliate o giuste.
Ogni vita ha delle sfumature di grigio.
Non si può incasellare la vita in una serie ordinata.

Non è mai una questione personale

Quando la fronte è aggrottata

e le nuvole temporalesche si addensano sopra di noi.

Questa semplice canzone, tesoro, la canti tu,

Non è una cosa personale.

Quando le frecce come dardi amari colpiscono.

Pesanti corone di antipatia colpiscono.

Siate gentili con voi stessi, non prendetevela.

Guardati: sei coraggioso, sei intelligente.

Ciò che le persone fanno a voi

non riguarda quasi mai voi.

Proiettano su di voi le loro insicurezze;

le loro illusioni, le loro realtà.

Quando si indossa un'armatura forte,

i fendenti, le frecciate, cessano di avere importanza.

Scivoleranno via da voi con un movimento fluido.

L'acqua che scivola dalle piume negli oceani.

Quindi, stipulate questo solido accordo
tra la vostra anima e il vostro sé superiore.
Nessuna cosa, nessuna situazione è mai personale.
È solo una proiezione dell'illusione altrui.

Immergersi nello scopo della propria vita

Camminava in riva al mare in un pomeriggio d'estate. Le onde si sono avvicinate e sono tornate indietro.

Rimase in piedi per un lungo momento, schermandosi gli occhi dal sole brillante. Il mare danzava sotto il sole infuocato indossando un milione di diamanti sulle sue onde.

Desiderava correre in mare, raccogliere i diamanti delle onde e risalire bagnata dalle acque acquatiche con l'anima appagata. Perché avrebbe incontrato lo scopo della sua vita tra le onde.

Ma scelse di continuare a camminare lungo la riva ruminando, mentre costeggiava le onde che si infrangevano ed evitava i ciottoli e le pietre sul sentiero sabbioso. Mentre il vento le sussurrava: "Fai un tuffo, fai un tuffo".

Non mollare

Non mollate se la vostra anima è avvolta dalle tenebre.
Tesoro, sei così vicino al traguardo!

Non mollate quando la disperazione vi rode le ossa.
Tesoro, sei così vicino al traguardo!

Non mollate perché sentite che è troppo tardi per arrivare.
Tesoro, sei così vicino al traguardo!

Tesoro, non vedi?
Non è troppo presto;
non è troppo tardi;
siete puntuali
per raggiungere il traguardo.

Essere presenti

Gli alberi piegano le foglie di notte
con un sospiro silenzioso al chiaro di luna.
Dormire dolcemente sotto cieli stellati,
foglie fruscianti sussurrano promesse di luce dell'alba.
Si apre alle prime striature rosa nel cielo pallido.
Scuotendo le gocce di rugiada e inarcandosi verso la luce.

Ricordandoci il ritmo della vita
con i suoi infiniti torti e diritti.
La dolce notte avvolge sempre
la promessa di una nuova alba
come lo scintillio dell'erba verde fresca
su prati infiniti.

Ieri giace sepolto
nei recessi del passato.
Lasciate andare, lasciate andare, tenetevi stretti al momento presente.

Vivere il momento

Ehi tu! Con le stelle negli occhi e i boccioli di rosa sulle guance. Cancellare le pieghe dalle sopracciglia. Il loro posto non è lì.

Smetti di rimanere nell'ombra, Dolcezza, lamentandoti dell'oscurità della tua vita. Invece lasciamo che il freddo passato rimanga negli oscuri recessi di ieri. Oggi è il vostro giorno! Possedetelo! Fatevi avanti e prendete il vostro posto al sole.

Vivere come una farfalla

Queste bellezze dalle ali colorate

irradiando libertà nei campi di fiori.

Ma ecco un segreto di questi insetti felici.

Una vita di sette giorni: tutto quello che possono aspettarsi!

E se doveste racchiudere la vostra vita in un arco di sette giorni?

Come fareste a racchiudere le vostre ore in questo breve lasso di tempo?

Riempireste la vostra vita con l'abbandono gay?

Fare una doccia d'amore e di risate a tutti i compagni di viaggio?

Se sette giorni è tutto quello che avevi?

Volete coltivare la vostra passione, rendere felice la vostra anima?

Vivreste ogni giorno appieno come le bellezze alate?

Sorseggiando il nettare dei fiori, ignorando tutto ciò che è brutto?

Vivere in modo consapevole

Mi siedo sulla riva del fiume,
tirando fuori la mia lista di compiti.
L'elenco è vuoto.
Gettandolo nel fiume, mi crogiolo al sole.
I compiti possono aspettare un altro giorno.
La mia mente chiacchierona si ferma.
Come le tranquille increspature della baia del fiume,
dal mio fiume mentale sgorga la pace.

Allora ciò di cui ho paura entra nel mio mondo.
Il movimento infinito della vita mi intrappola.
Ma ora filo fili banali in oro puro
e la paura del turbine mi abbandona.
Divento un tutt'uno con il turbine, danzo nel vento.
Il vento e io, insieme cantiamo
in perfetta armonia con ogni cosa microcosmica.

Perire o prosperare

E coloro che scelgono di fare la propria casa nel passato
saranno sicuramente intrappolati nella fredda rete dell'oscurità
in cui le loro anime periranno.

Ma coloro che si gloriano della bellezza del momento presente
si muoverà sicuramente verso la luce dorata
in cui fioriranno.

Allora, cosa scegli oggi per te, dolcezza?
Perire o prosperare?

Momenti Fika

L'aroma inebriante del caffè forte,

la pioggia sul mio viso; l'odore della terra umida.

Raggomitolato in solitudine, il mio libro, la mia poesia, solo io.

Momenti di fika, rallentare, assaporare il vero valore della vita.

Un racconto del tempo

Sabbie del tempo, preziose, che scorrono,

scivolano tra le dita, i minuti si sciolgono.

Pensare che la vita è lunga ma il tempo è fugace.

Abbandonare il passato avvolto nell'ombra della storia,

non guardare al futuro velato di mistero.

Carpe Diem! Il momento presente è infuocato di gloria

Siate come l'albero

Mettere le radici in profondità
per trarre amore e amicizia dal terreno della vita.

Aprite i vostri rami al sole
per ricevere le benedizioni del sole e della gioia sulla vostra vita.

Nutrite il vostro albero della vita.

L'esultanza

Una canzone di gratitudine

La gratitudine si presenta in molte forme.
Assaporare la calma dopo la tempesta.
Una semplice preghiera per la luce del mattino.
Le gioie di casa riempiono i cuori di gioia.

Il ringraziamento che offriamo per il cibo e gli amici.
Salute in tempi difficili; piccole cose.
Per l'anno che ha chiuso il cerchio.
Per un amore che non si affievolisce mai, conservando il suo splendore.

Per semplici momenti di pura felicità.
Una giornata invernale; due tazze di tè.
Per i giorni in cui posso prendermela comoda.
E per gli altri quando ho abbastanza da tenere occupato.

Per abbracci e coccole che scaldano il cuore.
Per zampe pelose, lunghe passeggiate, piccole chiacchierate.

Per le persone che non mi abbandonano mai.

Per coloro che rimangono attraverso le asperità e le difficoltà.

Morbidezza

La morbidezza è la qualità più bella del mondo, non è vero?

Basta osservare la natura per capire questa bellezza della morbidezza.

La morbida carezza del vento,

i morbidi petali di un fiore,

il sussurro sommesso della pioggia,

la morbidezza dei primi raggi di sole.

Come sono deliziati!

E che dire di chi parla piano?

Figli della natura, li terremo stretti?

Una tasca piena di emozioni

L'amore è:

Seppellire il viso in delicati fiori rosa.

Il calore del suo respiro prima che il mondo si svegli.

Il morbido bagliore di lunghi abbracci senza parole.

La sua grande mano che stringe la tua piccola ti tiene al sicuro.

La gioia è:

Il sole che bagna il viso da un cielo senza nuvole.

L'eco degli uccelli canori che trillano nel tuo cuore all'alba.

L'estasi che si prova quando le parole fluiscono senza sforzo.

L'estasi silenziosa di un pavone che danza in una melodia verde-blu.

La gentilezza è:

Fiori che offrono nettare ad api e farfalle.

Una mano giovane che aiuta una mano rugosa a salire le scale.

Un piatto di cibo lasciato fuori per i cani randagi e i gatti di strada.

Fare del bene e non dirlo ad anima viva.

La pace è:

Il volto della luna color crema nel lago sereno.

Un bambino che si dondola dolcemente tra le vostre morbide braccia.

La quiete interiore, la beatitudine della solitudine.

Tirare il piumone, sprofondare nell'oblio.

Contentezza:

I colori dell'amore, della gioia, della gentilezza, della pace;

questo bellissimo arcobaleno nella vostra miscela di anime.

Quando queste emozioni si mescolano e si fondono,

creano un continuum di soddisfazione

fino alla fine del viaggio.

La gioia nelle cose di tutti i giorni

Uscendo dalle nubi del grigiore pandemico,

guardare il mondo con occhi nuovi, in modo nuovo.

Gettate via il virus della disperazione!

Accomodatevi nello spazio tra ieri e oggi.

Assaporare il semplice, l'ordinario, il quotidiano.

Sdraiato a letto, il vento sussurra dolcemente, cosa dice?

Il verde degli alberi vi chiama.

Attirate la loro energia come una rugiada magica.

Rannicchiati nel bozzolo della familiarità;

una calda coperta contro il primo freddo dell'inverno.

Il vapore del brodo denso sale verso il viso.

Le sue mani si confortano, le dita si intrecciano.

Gioia a settembre

Mi sono alzato con il richiamo degli uccelli in una domenica di settembre,

e mi sono imbattuto in un ruscello d'argento segreto sul mio cammino.

La pandemia era reale o era solo un brutto sogno?

In cerca di risposte, ho guardato nel mio ruscello d'argento.

Le grigie nuvole temporalesche si allontanano lentamente.

E il sole sorrideva riscaldando la giornata.

Il mio ruscello d'argento brillava di luce dorata.

E il mio cuore si è sollevato per la gioia.

Immergere le dita nelle acque d'oro e d'argento,

Ho avvolto una scheggia di luce intorno alle mie dita.

Una scheggia d'oro e d'argento si è sposata con me,

il mio cuore si è sollevato in estasi.

Il vento dell'est sussurrava tra le grandi querce

di gioia e felicità e tutte le creature libere.

Sorridendo, alzai le mani e attirai il vento verso di me.

Avvolgendo il mio essere come una guaina invisibile.

Il mio cuore era pieno del canto del vento.

E la luce d'oro e d'argento si è sposata con il mio essere.

Il mio canto di gioia ha spazzato via le nuvole grigie.

La luce d'oro e d'argento si fondeva con il canto della mia anima.

Il canto d'oro-argento irrompe nei fiori e nelle foglie.

Gli uccelli si libravano in una sinfonia gay.

I fiori danzavano in estasi.

E la gioia passava di foglia in foglia.

Mescolare i colori della vita

La mia famiglia è il mio pastello rosa, quello che uso per colorare d'amore la mia vita.

I miei amici sono i miei pastelli arcobaleno, quelli che uso per colorare di risate la mia vita.

La bellezza lirica della natura è il mio pastello blu, quello che uso per colorare la pace nella mia vita.

Dio è il mio pastello viola, quello che uso per sfumare la spiritualità nella mia vita.

La fioritura

La fioritura

Sei sbocciata tra i vetri e i cocci rotti. Siete comunque riusciti a fiorire.

Quando la gente ti dava per spacciata e senza possibilità di redenzione, tu sei risorta e sei fiorita.

Sì! Siete comunque riusciti a fiorire!

Ti sei infranto ancora e ancora come un'onda che sbatte contro gli scogli e poi, in un bellissimo arco d'acqua con la nebbia dell'arcobaleno, sei sbocciato.

Sei diventata la donna che sei oggi perché sei emersa dagli abissi e sei sbocciata. Hai ricostruito te stesso dai frammenti della rottura. E attraverso tutte le rotture, siete riusciti a mantenere tutto ciò che di naturale e libero c'è nella vostra natura, in modo da poter fiorire esattamente dove siete stati piantati.

Credo quasi che tu abbia rotto per fiorire. E nessuno può portarvi via questo.

Anche una preghiera

E anche una passeggiata mattutina in cui si fugge nell'immobilità e nel silenzio e si osserva il mondo che lentamente prende vita è una preghiera.

E anche il tempo trascorso a riflettere in silenzio alla finestra, mentre guardavate la pioggia lavare il mondo, è una preghiera.

Ogni momento trascorso con LUI nel cuore è una preghiera.

Esiste!

Non ho tempo per la logica e la ragione. L'onere della prova spetta a chi ne ha bisogno.

Sono troppo affascinata dai miracoli magici che mi circondano ogni giorno. Non sono tutte le prove di cui ho bisogno?

Svegliarsi al coro dell'alba degli uccelli canori che tubano dagli alberi, annunciando che Lui ha dipinto un nuovo giorno per noi. E il sole che non manca mai di apparire ogni mattina bagnando il mondo con la sua gloria gentile e curativa, ricordandoci che Lui ci ha dato un nuovo inizio ogni mattina.

E i boccioli che si aprono in fiori. I fiori, secondo me, sono sorrisi di Dio sulla Terra.

Sono troppo affascinato da questi miracoli per brancolare nei recessi oscuri della logica e della ragione e chiedere un documento d'identità che attesti la Sua esistenza. Perché Egli vive nella pace che ospita la mia anima.

Prendendola con filosofia

Ora, quando le cose vanno male e accadono cose brutte, non perdo più la calma e non inveisco contro il destino. Perché mi sono svuotato della rabbia già da tempo.

Mi rendo conto che Dio mi ha collocato esattamente dove devo essere in quel momento per imparare esattamente ciò che Lui ha bisogno che io impari. Così ora accetto il bene e il male con grazia. Niente disturba la mia pace.

Perché il bene porta una calda luce nel mio cuore. E per quanto riguarda le cose negative, beh, l'esperienza non è forse la migliore insegnante del mondo?

L'anima di uno zingaro

Ho l'anima di uno zingaro.
Non possiedo nulla, non appartengo a nessuno.
L'erba verde mi offre il cuscino più morbido.
Com'è dolce la brezza che mi avvolge.

Ho l'anima di uno zingaro.
Non possiedo nulla, non appartengo a nessuno.
La sfera cremosa mi offre luce di notte.
La mia casa è l'arco azzurro che mi sovrasta.

Ho l'anima di uno zingaro.
Non possiedo nulla, non appartengo a nessuno.
Bevo da dolci e frizzanti acque di sorgente.
L'albero mi offre le sue dolci bacche.

Ho l'anima di uno zingaro.
Non possiedo nulla, non appartengo a nessuno.
Il più dolce rialzo di terra ospita la mia anima.
La natura selvaggia mi attira.

Ho l'anima di uno zingaro.
Non possiedo nulla, non appartengo a nessuno.

Sulla comprensione

Mi piaceva circondarmi di fiori. Spargere petali di rose profumate in ciotole di cristallo e mazzi di lavande e gigli in vasi.

Mi piaceva soprattutto mettere dei fiori sull'altare della mia devozione. Non si sono mai lamentati né hanno parlato contro di me per aver strappato le loro vite alle piante madri con tanta noncuranza. Invece, hanno rinunciato volontariamente alle loro vite per qualche momento del mio piacere.

Una mattina, mentre decoravo il mio altare con queste offerte mute, mi è venuto in mente che a loro piaceva di più quando danzavano nella brezza estiva alla luce del sole.

Amo i fiori. Ora assaporo la loro compagnia durante le mie passeggiate mattutine. E mi piace pensare che sussurrino grazie per non averli più rinchiusi in muri di cemento. Preferiscono appassire e cadere sulla Madre Terra. E quando mi avvicino a loro, è per accarezzare dolcemente i loro petali.

Una performance pacifica

Guardate il globo blu-verde che si muove senza rumore intorno alla sfera dorata e infuocata. È un viaggio così grande che ogni giorno si avvia verso la pace. E non ne parla con nessuno. Si limita a svolgere le proprie attività senza fare storie.

Ed eccoci qui, piccoli esseri umani così assorbiti dal rumore e dal clamore, dagli alti e bassi delle nostre vite infinitesimali. E se c'è una cosa che possiamo imparare dal globo blu-verde che chiamiamo casa, che sia l'arte della pace silenziosa.

Desideri

Seppellite i vostri desideri nel profondo del cuore. Conservateli come un segreto prezioso. Non permettete che gli occhi indiscreti del mondo e le lingue curiose vi strappino i vostri desideri.

Quando un desiderio rimane segreto, si avvolge di un certo potere magico che si presta alla manifestazione.

Proprio come i semi sepolti in profondità nel terreno si manifestano in un bellissimo giardino. Se volete manifestare i vostri desideri, teneteli segreti, perché il mondo ha l'abitudine di distruggere ciò che non può vedere né capire.

Pace interiore

Nubi di tempesta soffiano sui mari della vita. Ogni volta che ci troviamo di fronte a stress e conflitti. La nostra piccola barca di salvataggio è scossa fino al midollo. Ci chiediamo se affonderemo nella tempesta o se riusciremo a raggiungere la riva.

Le onde della tempesta lambiscono la scialuppa di salvataggio che dondola in mare. Cavalcando le altezze delle depressioni, immergendosi nelle profondità degli abissi. La disperazione si deposita su di noi; è una battaglia persa che affrontiamo. Ci alziamo, cadiamo, progrediamo, regrediamo.

Le fredde dita della paura stringono i nostri esseri, perché sappiamo che non c'è modo di controllare questo mare tempestoso. Così, ci sistemiamo nelle nostre barche, lasciando il mare al suo ritmo burrascoso, mentre ci immergiamo nelle profondità del nostro spazio interiore.

Il mondo selvaggio si ritira; la sua calma è al centro del nostro essere. Perché ci siamo preoccupati del mare tempestoso e fuori controllo?

Chiudendo gli occhi, ci sistemiamo nel nostro io interiore, in un oceano di beatitudine.

Aprendo gli occhi, vediamo una stella cadente. Le benedizioni scorrono in una pioggia d'oro.

Chiudendo gli occhi, ci sistemiamo nel nostro nucleo. Ripulito dal brutto, splendente e integro.

Il mondo selvaggio si ritira in un mare calmo e gentile. E ci sistemiamo nella beatitudine della pace interiore.

Raggiungere l'irraggiungibile

Mi piace raggiungere l'irraggiungibile. Le mie braccia sono spalancate per riceverli. Cercare il vento che canta tra gli alberi, le nuvole che fluttuano senza sforzo nel cielo ceruleo, il gulmohar che diffonde le sue fiamme arancioni nella sua casa frondosa, e intravedere di sfuggita i pesci rossi che guizzano nelle acque acquatiche e il martin pescatore, un piccolo lampo di blu contro le foglie verdeggianti.

E mentre mi protendo verso tutte queste cose irraggiungibili, prego in silenzio. Non sento il bisogno di chinare il capo in segno di devozione, perché so che Dio è presente qui in ogni foglia e in ogni sussurro silenzioso del vento.

Da tempo ho rinunciato all'idea di trovarlo all'altare di pietra. Ho capito che Lui non vive in idoli di pietra, ma nella vita viva e pulsante della natura, nell'aria azzurra e blu.

Riflessioni mattutine

Sono le 5 del mattino e le palme ondeggiano dolcemente nella brezza monsonica. Le prime gocce di pioggia schizzano le palme, scivolano dalle foglie e cadono nell'erba verde sottostante. Le radici hanno la loro parte, così come i fili d'argento dell'erba sotto terra.

Ma non mi accorgo quasi di questa magia. Sono così indaffarato a scarabocchiare sul mio taccuino finché l'incessante tubare degli uccelli canori, un violino che strimpella tra le foglie, interrompe la mia fantasticheria sulla scrittura.

Alzo la testa dalle lettere del mio quaderno e mi si blocca il fiato in gola mentre mi rifaccio gli occhi con la bellezza che ho davanti.

La beatitudine del divino

Ci si sveglia in un cielo silenzioso e sabbioso.
Cercando di catturare la prima luce.
Stabilirsi nello spazio sacro tra il mattino e la notte.
Mentre il cielo si tinge di rosa, la luna spicca il volo.

L'alba silenziosa si agita con il richiamo degli uccelli.
Le ciglia si chiudono mentre il primo oro bagna l'anima.
Ritirarsi dall'esterno, entrare nella beatitudine del proprio essere interiore.
La vostra anima invia pace lungo gli anelli a sette centri.

Dio - il tessitore

Intrecciate la vostra vita
con compassione, gentilezza e gratitudine.
Dio provvederà ai fili.

Trovare Dio

I pii si dedicano alle preghiere. Gli spirituali si crogiolano nell'estasi divina. Ma la verità è che il palazzo nel cielo è ancora molto, molto lontano. Fuori portata, irraggiungibile e la maggior parte di noi sta ancora dormendo il sonno dell'illusione.

E allora?

Che importa se sono una persona mattiniera che si sveglia con il richiamo dell'alba di dolci uccelli canori?

E allora cosa succede se sono affascinato dagli alberi e sorrido meravigliato quando vedo un bocciolo sbocciare lentamente in una splendida fioritura?

E che importa se parlo ai fiori di gelsomino lodando la loro dolce fragranza e abbraccio gli oleandri per il loro delicato rossore di bellezza rosa?

Che importa se scelgo le lunghe passeggiate sulle colline blu-verdi e la solitudine rispetto al rumore e al clamore? E se scegliessi di vivere nel nido d'ape della mia mente, dove la pace regna sovrana? E allora?

E allora cosa succede se disprezzo la fama e gli applausi e scelgo di uscire dalla gara per ballare al mio ritmo? E allora?

C'è qualcosa che può eguagliare l'emozione che mi attraversa quando sbocciano le prime primule e l'accelerazione del mio respiro quando scorgo i bellissimi fiori di campo che crescono in un gay abbandono, a perdita d'occhio?

Guardate il pavone che danza al suo ritmo in tutta la sua maestosità blu-verde a ventaglio. A cinquant'anni, penso che il pavone sia un uccello di una bellezza mozzafiato. Lo pensavo anch'io quando avevo quindici anni. E allora?

E se invece, dopo aver riflettuto su cosa fare della mia preziosa vita, scegliessi di camminare a piedi nudi nell'erba verde per ammirare i fiori di campo e le api? E allora? E allora?

Il mondo al suo meglio

Ciao mondo! Voi, che state ancora dormendo. All'alba c'è una pace che non riesco a trovare in nessun altro momento della giornata.

È quasi magico a quest'ora del giorno. Queste prime ore del mattino, quando il cielo è ancora buio con deboli macchie di luce che brillano attraverso lo zibellino di velluto. Un uccello randagio cinguetta sonnacchioso.

Il mondo dorme mentre io mi siedo a capo chino in segno di devozione o immerso nella creatività.

Le grandi sagome scure a forma di pera frusciano pacificamente nella brezza del mattino.

È l'alba e tra poche ore il rumore e il trambusto del mondo inghiottiranno la pace e la luce inghiottirà l'ultima ora buia. Ma per ora non potrei chiedere di più al mondo.

Raggiungere il cielo

Il cielo è il vento che sussurra tra le foglie.

La morbida carezza della natura sulle mie guance.

Sollevo le mani per tenere stretto il suo conforto.

Ah! Tenere la carezza della natura con me in eterno è per me un paradiso!

E il cielo è il richiamo degli uccelli in una magica sinfonia.

Le note musicali salgono e scendono in un crescendo.

Invano alzo le mani per catturare le note trillanti.

Ah! Tirare fuori quella musica con facilità è il paradiso per me!

Il paradiso è la danza delle farfalle sotto un albero di ciliegio in fiore.

Il liquido ambrato-dorato che fuoriesce da morbidi petali rosa.

Invano cerco di stringere tra le mie manine l'ambrosia della natura.

Ah! Sentire il sapore dell'oro ambrato che mi scende in gola è per me un paradiso!

Il cielo è l'onda danzante sulla sabbia dorata.

La spuma della bellezza della natura, ora sull'oro, ora sulle terre d'acqua.

L'onda accarezza la mia mano per un momento fugace prima di fuggire.

Ah! Tenere l'onda danzante nel palmo della mano è per me un paradiso!

Perché il paradiso è sempre fuori dalla mia portata?

Perché non posso tenere la sua bellezza azzurra eternamente con me?

Il vento ridacchia e sussurra il vero segreto del cielo,

"Oh, sciocco! Il paradiso risiede nella vostra anima! Lo porti dentro di te!".

www.ingramcontent.com/pod-product-compliance
Lightning Source LLC
LaVergne TN
LVHW041220080526
838199LV00082B/1330